18444 ROUSSEAU (Jean-Jacques). — Testament de J.-J. Rousseau... pu-
[Ln27 18006 blié... par Antoine Metral... — Paris, Baudouin, 1820. 16 p.
              1982. Bibliothèque Nationale. Paris.

I. 27.
In 1806.

TESTAMENT

DE

JEAN-JACQUES ROUSSEAU.

M. Raymond, savant distingué de Savoie, a fait l'acquisition de la maison de campagne des Charmettes, qui a été habitée par J.-J. Rousseau. Il s'est fait gloire, par vénération pour lui, de loger sous le toit où il a logé, de vivre où il a vécu, de respirer le même air dans de frais bocages, dans de jolis vergers et dans de charmans vallons. Il a soin de recueillir, au moyen d'un registre, les inspirations des voyageurs, à la vue de ces lieux si pleins des souvenirs de ce grand homme, et dont il a fait une exacte description, qui se vend chez les libraires de Chambéry.

TESTAMENT

DE

JEAN-JACQUES ROUSSEAU,

TROUVÉ A CHAMBÉRY EN 1820;

PUBLIÉ

AVEC SA JUSTIFICATION

ENVERS MADAME DE WARENS,

PAR

ANTOINE MÉTRAL, AVOCAT.

Je m'en vais jeter cette pierre contre l'arbre qui est vis-à-vis de moi : si je le touche, signe de salut; si je le manque, signe de damnation. (LIV. VI, PART. 1re, CONFESS. DE J.-J. ROUSSEAU.)

PARIS.
BAUDOUIN FILS, IMPRIMEUR-LIBRAIRE,
RUE DE VAUGIRARD, N° 36.

1820.

TESTAMENT

DE

JEAN-JACQUES ROUSSEAU.

Par l'effet du hasard, un Testament de Jean-Jacques Rousseau vient d'être mis entre les mains de M. Marin, jurisconsulte à Chambéry; il était enfoui dans la poussière d'un galetas. Cet acte qui se rattache à ses Confessions par les personnes, les choses et le fond des idées, jette un nouveau jour sur le caractère de cet homme immortel. Quoique Rousseau ait montré tout l'intérieur de son âme dans ses Confessions, ce ne sera ni sans intérêt ni sans curiosité, que pour mieux lire dans son cœur, on le surprendra en présence de la mort, et à l'heure même où il voit s'entr'ouvrir pour lui les portes de l'éternité. Tout ce qu'il dit et fit alors, paraît sans artifice. Ses passions se turent, la vertu descendit dans son cœur, il y appela la religion, et donna un gage précieux de reconnaissance à la femme qu'il aima le plus. Sa tête n'était point encore troublée par les prestiges, ni par les malheurs de la célébrité; il devait mourir obscur, et son génie descendre avec lui dans la tombe.

Avant de présenter ce Testament, je vais essayer de tracer à la hâte quelques traits du caractère de Rousseau, d'après les actions de sa vie, dont les unes méritent le blâme et les autres l'éloge de la postérité. Jamais les passions ne causèrent tant de tempête dans le cœur d'aucun mortel ; poussé tour à tour vers des illusions enivrantes ou cruelles, la nature semblait ne lui avoir donné le génie qu'aux dépens du bonheur. A sa tendresse sans borne succédait une haine pleine de trouble. Il fit de la volupté un être idéal ; et ses jouissances les plus pures furent ses propres chimères. Peu de femmes eurent l'occasion de l'approcher, sans embrâser ses sens. Tendre et farouche dans ses amitiés, il finissait souvent par répondre aux caresses avec outrage. Il ne faisait guère le bien sans crainte, ni le mal sans remords. L'audace de ses pensées venait d'un brûlant enthousiasme ; de sang-froid, il était timide, craintif. Le moindre moucheron tournait cette tête d'où sortaient des conceptions si sublimes ; et se croyant alors l'objet des persécutions du genre humain, il n'y avait point de forêts assez profondes, ni d'antres assez impénétrables pour le dérober aux regards de ses semblables. Là, son vaste génie sondant des abîmes inconnus dans le cœur humain, et se reployant sur lui-même, lui fit aimer tout ce qu'avait fait la nature, et détester tout ce qu'avaient fait les hommes. Ces fortes pensées le plongèrent dans une mélancolie âpre et sauvage. Ses mœurs devinrent cyniques ; un feu dévorant brûlait ses entrailles. La réflexion avait penché sa tête vers la terre ; il avait l'air de fuir dès qu'on l'approchait. Son cœur souffrant, ennemi du calme, n'était bien nulle part. C'est pourquoi on l'a vu tant de fois voyager, aller, venir, retourner, changer sans cesse d'état ; être clerc de greffier, apprenti-graveur, laquais, interprète, arpenteur, musicien, droguiste, précepteur, secrétaire d'ambassade, caissier de financier, copiste de musique, enfin auteur.

Tout le monde sait que Rousseau a vécu long-temps en Savoie. Il en aimait les habitans, et décrit ainsi leurs mœurs dans le livre 5, partie 1re des Confessions. « C'est
« dommage que les Savoyards ne soient pas riches, ou
» peut-être serait-ce dommage qu'ils le fussent; car tels
» qu'ils sont, c'est le meilleur et le plus aimable peuple
» que je connaisse : s'il est une petite ville au monde où
» l'on goûte les douceurs de la vie dans un commerce
» sûr et agréable, c'est Chambéry. La noblesse de la
» province qui s'y rassemble n'a que ce qu'il faut de bien
» pour vivre, elle n'en a pas assez pour parvenir; et
» ne pouvant se livrer à l'ambition, elle suit par néces-
» sité le conseil de Cynéas. Elle dévoue sa jeunesse à
» l'état militaire, puis revient vieillir paisiblement chez
» soi. L'honneur et la raison président à ce partage.
» Les femmes sont belles et pourraient se passer de l'être;
» elles ont tout ce qui peut faire valoir la beauté, et
» même y suppléer. »

Dans le temps que Rousseau était chez Mme de Warens à Chambéry, il donnait des leçons de musique. Les portraits qu'il fait de ses jeunes et aimables écolières sont remplis de grâce et de charme. J'ai, dans la bibliothèque de ma campagne, un recueil manuscrit de chansons, avec les airs notés, composé pour l'une d'elles. Il est d'un goût exquis : paroles, musique, tout y respire une volupté douce et enivrante. L'ouvrage est richement relié, écrit en entier de la main de Rousseau, avec tout le luxe qu'il avait coutume de donner à son écriture. On y voit même des oiseaux dessinés avec une élégante hardiesse au trait de plume. Je ne saurais dire au juste s'il ne renferme pas quelques compositions qui lui appartiennent. La chanson dont il ne se rappelle que le bout des rimes, dans le livre I, partie 1re des Confessions, s'y trouve en entier, si toutefois je puis compter sur la fidélité de ma mémoire, n'ayant pas le manuscrit sous les yeux. Je l'ai montré bien des fois aux étrangers qui venaient prendre les eaux d'Aix, attirés chez moi au château de Bordeau par la beauté des sites, par la promenade sur le lac du Bourget, et par l'air pur des montagnes. Tous l'ont parcouru avec autant d'intérêt que de curiosité. De belles femmes y attachaient avidement leurs regards, sans se rassasier de voir des traits tracés par cette plume immortelle : ce qui m'a rendu ce manuscrit précieux, et m'a empêché de le vendre à des Anglais, disposés à l'acheter chèrement.

Durant l'été de 1737, Rousseau, venant de donner à Chambéry une leçon de musique, se précipita du sommet jusqu'au bas d'une rampe de degrés de bois, longue et rapide ; il se fracassa la tête. Le chirurgien le fit transporter dans son logis chez Mme de Warens, maison appartenant aujourd'hui à M. Marin ; il lui mit le premier appareil, et, en lui bandant la plaie, il lui banda les yeux : Rousseau se crut perdu ; il fit appeler un notaire et des témoins, et leur dicta son testament. Mais pour en comprendre les dispositions, il est nécessaire de rappeler à la mémoire, que la mère de Rousseau, Suzanne Bernard, fille d'un ministre protestant, mourut en lui donnant le jour ; qu'il devait recueillir l'hérédité de sa mère, conjointement avec un frère aîné, absent depuis long-temps sans nouvelles ; qu'il avait fait à Genève la connaissance des deux Barillot père et fils, avec lesquels il se lia d'une amitié intime ; que l'un d'eux, revenant d'Italie, passa quelques jours chez Mme de Warens; et comme Rousseau était majeur, il fut convenu qu'il irait, le printemps suivant, à Genève, pour demander sa portion de bien dans l'hoirie de sa mère, en attendant qu'on sût ce que son frère était devenu. Cela s'exécuta comme on l'avait résolu. Ce fut dans cet intervalle de temps que lui arriva l'accident dont j'ai parlé, et qu'il fit le Testament suivant qui se rattache ainsi à ses Confessions, sous divers rapports.

TESTAMENT

DE

JEAN-JACQUES ROUSSEAU.

L'an mil sept cent trente-sept, et le vingt-septième de juin, à Chambéry, après-midi, dans la maison du seigneur comte de Saint-Laurent, contrôleur-général des finances de S. M., où habite dame Françoise-Louise de la Tour de Warens, pardevant moi, notaire collégié, soussigné; et en présence des témoins sous-nommés, s'est établi le sieur Jean-Jacques, fils de sieur Isaac Rousseau, natif de la ville de Genève, habitant en la présente ville, lequel, détenu dans son lit par un accident qui lui est arrivé ce jourd'hui, néanmoins sain de ses sens, mémoire et entendement, ainsi qu'il a apparu à moi notaire et témoins, par la suite et solidité de ses raisonnemens, considérant la certitude de la mort et l'incertitude de son heure, et qu'il est prêt d'aller rendre compte à Dieu de ses actions, a fait son Testament comme ci-après : — Premièrement, s'est muni du signe de la sainte-croix sur son corps, en disant : Au nom du Père, du Fils et du Saint-Esprit; recommande son ame à Dieu son créateur, le priant par les mérites de Notre-Seigneur Jésus-Christ, et l'intercession de la très-sainte Vierge, et des saints Jean et Jacques ses patrons, de lui faire miséricorde, et de recevoir son ame dans son saint paradis, et proteste de vouloir vivre et mourir dans la sainte foi de la sainte Église catholique, apostolique et romaine; laisse ses obsèques et frais funéraires à la discrétion de son héritière, ci-après nommée, la chargeant de faire prier Dieu pour le repos de son ame, et de le faire ensevelir où elle jugera à propos; donne et lègue ledit testateur aux révérends Pères Capucins, aux révérends Pères Augustins, et dames de Sainte-Claire dans ville, à chacun desdits couvents, la somme de seize livres, pour célébrer et faire célébrer des messes pour le repos de son ame; donne et lègue ledit testateur, et, par institution particulière, délaisse au sieur Isaac Rousseau son père, sa légitime telle que de droit dans tous ses biens, le priant de se contenter de ladite légitime, étant obligé de donner le surplus de ses biens, soit par reconnaissance pour ses bienfaiteurs, soit pour payer ses dettes ; et déclare ledit testateur qu'il a toujours adi, ainsi qu'il adit au besoin de nouveau, l'hoirie de François Rousseau son frère. Donne et lègue ledit testateur au sieur Jacques Barillot de la ville de Genève, outre ce qu'il lui doit, qu'il veut lui être payé par son héritière ci-après nommée, la somme de cent livres payable six mois après son décès. Exhorté ledit testateur de faire quelques legs aux hôpitaux de la Sacrée-Religion des saints Maurice et Lazare, aux hôpitaux de la présente ville et de la province, a répondu que ses facultés ne lui permettaient pas de faire aucun legs : et au surplus de ses autres biens, il a fait, créé et institué, et de sa propre bouche, nommé pour son héritière, ladite dame Françoise-Louise de la Tour, comtesse de Warens, la priant très-humblement de vouloir accepter son hoirie, comme la seule marque qu'il lui peut donner, de la vive reconnaissance qu'il a de ses bontés, voulant que le présent soit son dernier testament, et que s'il ne peut valoir comme testament, qu'il vaille comme donation à cause de mort, et par tous autres moyens qu'il pourra mieux valoir, priant les témoins ci-après nommés, connus et appelés par ledit testateur, d'en porter témoignage ; et par ces mêmes présentes, s'est établi et constitué ledit sieur Rousseau, lequel pour la décharge de sa conscience, déclare devoir à ladite dame Françoise-Louise de la Tour de Warens, absente, moi, dit notaire pour elle stipulant et acceptant, la somme de deux mille livres de Savoie, pour sa pension et entretien que ladite dame lui a fournis depuis dix années, laquelle somme ledit sieur Rousseau promet lui payer, si Dieu lui conserve vie, dans six mois prochains, à peine de tous dépens, dommages-intérêts, à l'obligation de tous ses biens présens et à venir qu'il se constitue tenir; confesse de plus ledit sieur Rousseau, avoir passé une promesse de sept cents livres, en faveur du sieur Jean-Antoine Charbonnel, pour argent prêté et marchandises à lui livrées, laquelle il confirme et approuve, et déclare lui devoir la somme de sept cents livres, laquelle il promet de même de payer audit sieur Charbonnel, absent, à l'acceptation de moi, dit notaire et témoins dans le même terme de six mois, si Dieu lui conserve la vie, aux mêmes peines et obligations de biens que ci-devant, passé sous et avec toutes autres dues promissions, soumissions, renonciations et clauses requises. — Fait et prononcé au lieu que dessus, en présence de M. Claude Morel, procureur au Sénat, de M. Antoine Bonne de la paroisse des Échelles, de Jacques Gros de celle de Vansy, habitans en la présente ville; d'honorables Antoine Bonnard, Pierre Catagnole, Pierre George, cordonnier, et d'Antoine Forraz de la paroisse de Bissy, tous habitans en la présente ville, témoins requis. Ledit sieur Rousseau n'a pu signer à cause de l'accident qui lui est arrivé, ainsi qu'il a apparu à moi notaire et témoins, par l'appareil mis sur ses yeux.

Sont signés au bas de la minute,

Morel, témoin; A. Bonne, témoin, J. Gros, Antoine Bonnard, Pierre Catagnole, et Pierre George.

Suit le verbal.

Et moi notaire collégié de ce recevoir requis, ai lu et prononcé le présent, contenant quatre pages et une ligne sur la cinquième, outre la signature et mon verbal sur trois feuillets; ledit Rousseau n'a signé pour les causes ci-devant, ledit Antoine Forraz, illitéré de ce enquis.

Signé Rivoire, notaire.

Insinué fol. 66, v° du 2ᵉ livre de 1737. Payé une livre dix sols.

A Chambéry, le 22 juillet 1737.

Signé J. Chauvet, insinuateur.

Peu de jours après ce Testament, le 12 juillet de 1737, Rousseau passa à Barillot de Genève, une procuration qu'il signa parce qu'alors il n'avait plus de bandeau sous les yeux. Cette procuration, que j'ai dans les mains, était faite pour exiger dans l'hoirie de sa mère sa portion de bien qu'il est allé ensuite recueillir lui-même.

C'est un spectacle digne d'attention, de voir Rousseau se croyant au lit de mort, les yeux cachés à la lumière, faire le signe de la croix, recommander son ame à Dieu, invoquer Jean et Jacques ses patrons dans le ciel, protester de vivre et mourir dans la religion qu'il avait adoptée, et qu'il changera par la suite, s'occuper de ses funérailles, faire des legs à des religieuses, à des capucins et à d'autres moines. Ainsi, il se jette sincèrement dans les bras d'une religion qu'il a embrassée, après avoir abandonné celle de ses pères. Son cœur était alors enflammé, et son intelligence éclairée par les vérités de cette même religion, dont il attaqua par la suite avec tant de véhémence les dogmes consacrés, en montrant toutefois le sublime de sa morale.

Souvent on rencontre chez les hommes de génie des contradictions inexplicables ; leurs cerveaux ressemblent à ces machines qui se dérangent d'autant plus facilement qu'elles ont un plus grand degré de perfectibilité. Peut-être le génie touche-t-il à la folie, à cause du rapprochement des extrêmes. Ainsi Rousseau change deux fois de croyance, fait des legs aux capucins, et rejette les miracles. Un démon familier voltige autour de la tête de Socrate ; le Tasse est précipité dans les cachots de la démence ; Pascal est poursuivi par de cruelles visions jusque dans ses songes. Cependant, religion, tendresse filiale, reconnaissance, amitié, bonne foi, tout se trouve dans le Testament de Rousseau, également l'œuvre de la vertu et du devoir. Mais ce qui s'y trouve plus particulièrement, ce sont les preuves d'une affection profonde pour Mme de Warens.

Cependant Rousseau a été censuré, avec toute l'âpreté de l'amertume, d'avoir divulgué les faiblesses de cette même femme qui l'a tiré de la misère, qui l'a comblé de bienfaits, qui lui a tenu lieu de tendre mère. Je suis loin de faire l'éloge d'aucune espèce d'ingratitude ; mais comme Rousseau lui a donné une marque insigne d'attachement, restée inconnue jusqu'à ce jour, en l'instituant héritière dans le Testament que je publie ; je vais examiner sa conduite sur ce point, afin de détourner les rigueurs de la postérité, à l'égard d'un homme de génie, qui du fond de la tombe ne peut plus faire entendre de justification.

A l'imitation de l'auteur de l'Aruncana, qui a employé deux chants d'un poëme épique, à rétablir la chasteté de Didon, reine de Carthage, qu'il a prétendu être outragée par Virgile, je ne m'épuiserai point à rétablir celle de madame de Warens, dont Rousseau trace ainsi le portrait. « Elle avait de ces beautés qui se conservent, » parce qu'elles sont plus dans la physionomie que dans » les traits ; aussi la sienne était-elle toute dans son pre- » mier éclat : elle avait un air caressant et tendre, un » regard très-doux, un sourire angélique, une bouche » à la mesure de la mienne, des cheveux cendrés d'une » beauté peu commune, et auxquels elle donnait un » tour négligé qui la rendait très-piquante ; elle était » petite de stature, courte même, et ramassée un peu » dans sa taille, quoique sans difformité ; mais il était » impossible de voir une plus belle tête, un plus beau » sein, de plus belles mains, et de plus beaux bras. » (*Liv. II, part. I, des Confessions.*)

Comment croire que Rousseau ait eu l'intention de livrer gratuitement à l'outrage de la postérité, une femme dont il fait une si charmante image ? S'il passe ensuite au récit de sa tendresse aveugle pour lui et pour quelques autres, il le fait avec un art exquis. Jamais les faiblesses d'une femme n'ont été voilées avec plus de délicatesse. Il prend un soin extrême de montrer, qu'elle ne dut ses fautes qu'à des séductions de raisonnemens, à des erreurs de principes, à un cœur rempli d'humanité pour les malheureux, sans aucun mélange de volupté, à cause d'un tempérament de glace. C'est ainsi qu'il fait envisager ses faiblesses, malgré quelques expressions hyperboliques, qui ont échappé à la fougue de son génie. Mais combien ne sont-elles pas rachetées par les vertus dont il l'embellit ? Il la montre abhorrant la duplicité, le mensonge ; juste, équitable, humaine, désintéressée, fidèle à sa parole, à ses amis, à ses devoirs ; toujours dupe de tous ceux qui l'entourent, par un naturel trop plein de confiance et d'abandon, et semblable à un diamant terni par des taches.

Une considération toute-puissante s'élève ici en faveur de Rousseau : c'est que la réputation de Mme de Warens était fort compromise dans le pays ; elle n'y passait point pour une femme chaste, ainsi qu'il le laisse entrevoir dans plusieurs passages des Confessions. Il y a peu de faiblesse de ce genre qui n'occupe la malignité ; l'opinion perce les murailles de la maison de la femme impudique, et lui imprime l'opprobre. La chasteté, au contraire, est une vertu qui répand un air doux et suave, elle embellit une femme de je ne sais quoi de céleste. Or, cette vertu était perdue pour madame de Warens ; et après l'avoir perdue, on ne lui tenait aucun compte de ses autres qualités. Rousseau la relève de cet état d'avilissement, ne parlant de ses faiblesses que pour mieux faire ressortir des vertus ignorées.

Voilà bien des raisons qui pourraient excuser Rousseau,

s'il n'était qu'un homme ordinaire, dont le passage sur la terre n'eût été marqué par rien d'éclatant : mais c'est comme grand écrivain, comme observateur du cœur humain, comme peintre des mœurs, comme homme de génie, en un mot, qu'il doit être jugé au tribunal de l'opinion ; et sous ce rapport, loin d'être blâmable, il mérite la reconnaissance des siècles. Son livre des Confessions est un vaste tableau de la vie humaine, où il a peint les hommes ingrats, méchants, souples, ambitieux, intéressés, hypocrites. C'est ainsi qu'ils sont ordinairement, et c'est ainsi qu'il les a vus. Il porte le coup-d'œil de l'observation, jusque dans les replis les plus tortueux du cœur de l'homme ; et semblable à l'anatomiste, qui découvre des filamens inaperçus, nombre de découvertes ont été le résultat de ses observations.

Dans la foule des caractères, qu'il trace d'une main si habile, celui de Mme de Warens est l'un des plus originaux ; il montre de quelle manière des faiblesses peuvent s'allier à des vertus chez une femme, et combien l'on serait injuste, de tout confondre pour la perdre, sans séparer l'or mêlé au vil métal. Ce caractère est même d'une nature telle, que s'il n'avait pas existé réellement, on le croirait tout-à-fait chimérique ; on dirait : La nature n'a pas pu faire une femme comme celle-là, cependant elle l'a faite. D'après la singularité de l'ouvrage, non-seulement Rousseau devait peindre le caractère de Mme de Warens, avec ses vertus et ses défauts ; mais il aurait été blâmable de ne l'avoir pas fait, parce qu'il n'aurait offert à la postérité, qu'un personnage tronqué, semblable à une statue à qui il manquerait quelque membre. Tout ce qu'on pourrait lui reprocher, ce serait d'avoir divulgué, ce qu'il importait aux mœurs de taire, et d'avoir imprimé à la mémoire de Mme de Warens, une tache qui se transmettra de génération en génération.

Mais je ne le vois pas, sous ce point de vue, plus repréhensible que tant d'historiens, de poëtes, de romanciers, qui, dans des ouvrages également répandus, également immortels, ont décrit les faiblesses des femmes qu'ils n'ont pas craint de désigner; c'est là l'histoire du cœur humain ; les livres en sont pleins : c'est une femme infidèle qui a embrâsé Troye. Ainsi, l'exemple d'une seule qui manque à ses devoirs, ne saurait être contagieux, quand il est confondu avec tant d'autres, multipliés dans tous les âges, sur la scène mobile du monde. On pourrait même dire que, sans les passions des femmes, qui agitent la terre, les livres seraient bien insipides. Si Rousseau s'était tu, il aurait tu la vérité, sans que Mme de Warens fût morte plus chaste, sans peut-être que la morale y eût rien gagné : il devait ainsi écrire, ou brûler son livre !

D'ailleurs cet écrivain, pour transmettre à l'avenir un dépôt précieux d'observations sur le cœur humain, a le courage de braver les peines de l'opinion, en faisant servir ses propres faiblesses à l'instruction de ses semblables. C'était sur lui, et non sur Mme de Warens, que devait retomber le danger de dévoiler ses liaisons avec elle. Du côté de Mme de Warens, paraissaient la bienfaisance, la générosité, la tendresse du cœur ; du côté de Rousseau, la malignité, l'outrage, l'ingratitude. Voilà ce qui devait se présenter au premier abord à tous ceux qui ne réfléchissent pas ; c'est pourquoi, jusqu'à ce jour, la postérité n'a vu dans Mme de Warens, qu'une bonne femme, dont le cœur valait mieux que la tête, tandis qu'elle est restée, sur ce point, inexorable à l'égard de Rousseau, que pourtant des gens vertueux aimaient à excuser dans le fond de l'âme, sans savoir comment le faire par le raisonnement. Mais sa gloire arrivant au-delà des siècles, s'épurera; alors elle ne sera point ternie par des intérêts particuliers d'opinion, de secte et de politique, qui ont tant d'influence sur l'amour ou la haine.

Transportons-nous maintenant au temps où Rousseau a écrit ses Confessions : il jouissait alors d'une gloire immortelle ; et cette gloire élève les grands hommes au-dessus des princes de la terre ; comme à eux on leur élève des statues. Mme de Warens ne devait donc pas être plus flétrie, aux yeux de la postérité, que la duchesse de la Vallière, Mme de Maintenon et tant d'autres qui, sans avoir ses vertus, ont partagé ses faiblesses. Des liaisons couvertes des prestiges d'une gloire rendue plus chère par des persécutions, ont dû faire croire à Rousseau, qu'une femme dont il avait à dire tant de bien, malgré quelques faiblesses, resterait encore estimable. Que dis-je ! il allait, par attachement pour elle, l'associer à sa gloire, la tirer des flétrissures de l'opinion, dans le pays même où elle avait vécu.

Ah ! si Rousseau n'avait commis d'autre faute que celle-là, il serait descendu innocent dans la tombe ! Quoiqu'il se soit brouillé avec la plupart des personnes qui lui ont été attachées, son attachement pour Mme de Warens a été inaltérable. Dans l'adversité, dans la prospérité, dans les plus beaux jours de sa gloire, présent ou absent, toujours il l'a chérie : jamais il ne la quittait, sans verser des larmes; toutes les fois qu'il la revoyait, son cœur palpitait de joie, de tendresse et d'amour. Dans les épanchemens de son âme, il s'écrie : « Je ne trouvai
» point Mme de Warens ; on me dit qu'elle venait de

» sortir pour aller à l'église. C'était le jour des Rameaux
» de l'année 1728. Je cours pour la suivre ; je la vois,
» je l'atteins, je lui parle... Je dois me souvenir du lieu :
» je l'ai souvent depuis mouillé de mes larmes et couvert
» de mes baisers. Que ne puis-je entourer d'un balustre
» d'or cette heureuse place ! Que n'y puis-je attirer les
» hommages de toute la terre! (*Liv.* II, *part.* Ire *des Conf.*)

N'a-t-on pas vu des preuves non équivoques du véritable attachement, que Rousseau portait à Mme de Warens, dans le Testament qu'on vient de tirer de la poussière ? Il est en présence de la mort, dans ce moment terrible, où les affections de l'âme sont le moins dissimulées. Cette femme aimable, qui règne dans son cœur, se présente à sa pensée ; ses bienfaits le pénètrent de la plus touchante reconnaissance ; il la nomme son héritière, pour vivre encore par elle, quand il ne sera plus. Cette douce idée lui sert de consolation dans le recueillement de la piété ; et lui laissant le soin de ses funérailles, il semble la voir pleurer sur sa tombe, comme il pleurerait sur la sienne. Ce sont là les derniers adieux d'une vie, qu'il croit près de s'éteindre vers le milieu de sa carrière. Malheur à ceux qui voudraient les empoisonner, ils méritent de mourir sans amis.

www.ingramcontent.com/pod-product-compliance
Lightning Source LLC
Chambersburg PA
CBHW060932050426
42453CB00010B/1965